श्राप

विवेक कुमार

यह पुस्तक माँ सरस्वती के चरणों में समर्पित है

क्रम-सूची

क्रम-सूची

मधुर स्पष्ट वाणी में जब
कविता का हो पाठ
श्रोता को यूँ बांध ले
ये शब्दों का पाश

भूमिका

मेरे प्रथम कविता संग्रह "सब मंगल हो" से मेरा कवि जीवन प्रारंभ हुआ और सृजन की यह यात्रा दूसरे कविता संग्रह "**अब मुझको सो जाने दो**" से आगे बढ़ी है और इसे थोड़ा और दूर ले जाने के लिए यह तीसरा कविता संग्रह "**श्राप**" पाठको के लिए प्रस्तुत है | कविता संग्रह में विविध विषयों पर रचित कविताओं का समावेश है |

"**आराधना**" कविता में माँ की महिमा का भावपूर्ण वर्णन है | शीर्षक कविता "**श्राप**" में काश्मीरी पंडितो पर हुए अत्याचार का चित्रण है व यह रचना उनकी निराशा, वेदना व आकुलता को समेटे है | भक्ति व आध्यात्मिक भावों से जुड़ी कविता "**महादेव**" भगवान शंकर के जीवन व महानता को प्रदर्शित करती है |

"**बहारें**" कविता में प्रकृति से जुड़े विविध आयामों का चित्रण है और "**बसंत आया है**" रचना में मानव की प्रकृति से बढ़ती दूरी को दर्शाया गया है |

दो रचनाएँ "**विजय**" और "**झील का पानी**" की प्रेरणा झील किनारे विचरण करते हुए मिली और इन कविताओ में जल व नौका का जीवन से सम्बन्ध वर्णित है | जीवन में अहं में डूबा व्यक्ति किस त्रासदी एवं पीड़ा को भोगता है इसका वर्णन कविता "**अहं**" में किया गया है |

राजकीय सेवा में अनेक स्थानों पर कार्य करने का अवसर प्राप्त हुआ | हर स्थान कुछ विशिष्टता लिए हुए था और इन विशिष्ट गुणों का चित्रण "कर्मस्थली" में किया गया है | हर संकट व बाधा कुछ समय बाद मिट जाती है, महत्वपूर्ण यह है कि ऐसे विकट व विपरीत समय में भी धीरज बनाये रखा जाए, "धीर धरो" रचना का यही संदेश है |

उम्र ढलने के साथ मानव के शरीर में कई परिवर्तन आते है और इनमे केशो की सफेदी सबसे सामान्य व आसानी से दिखने वाला परिवर्तन है | यह सफेदी जीवन के अनुभव से प्राप्त चाँदी सामान है | "केश सजी चाँदी" इन्ही भावो को प्रदर्शित करती एक लघु कविता है |

जीवन में मिलना बिछुड़ना एक सामान्य प्रक्रिया है, यह बात कहने में अत्यंत सरल है परन्तु किसी के बिछुड़ने का आघात सह पाना बहुत दुष्कर होता है और यदि वह घर का छोटा व सबका दुलारा हो तो यह दुःख कभी भुलाया नही जा सकता | कविता "वो लौट गया" इन्ही भावो से ओतप्रोत है |

लोभ व मोह से घिरा मानव स्वतः ही किसी भी संकट की ओर खीचा चला जाता है | सोने का मृगकविता में यही सन्देश छिपा है कि जो भी इस "स्वर्ण मृग" रूपी लोभ के वशीभूत होगा उसे भगवान राम की तरह जीवन में बहुत कुछ खोना होगा |

"मत फ़ेको" रचना में समाज में व्याप्त कुरीति की ओर ध्यान आकर्षित किया है जिससे बन्धकर हम लोग मृत व्यक्ति से जुडी कुछ वस्तुओ को इधर-उधर फेक कर उसका अनादर करते है |

प्रकृति में श्वेत व लाल रंग का महत्वपूर्ण स्थान है | हमारे इर्दगिर्द इन दोनों रंगों से रंगी बहुत सी वस्तुए है | चंद्रमा, दही, दूध व मोती सफ़ेद रंग लिए है तो गुलाब, रक्त व सिंदूर का रंग लाल है| "श्वेत लाल" कविता इसी विषय को काव्य रूप में वर्णित करती है|

समय के साथ प्रेम का स्वरुप भी परिवर्तित होता रहता है, स्वार्थ जुड़ा प्रेम कही भी मिल जाता है परन्तु "सच्चा प्यार" विरले लोगो को ही मिल पाता है | यही इस रचना का सार है | यह धरा पुष्पों पत्तो वृक्षों व इन पर मंडराने वाली तितलियों के रंग से सजी हुई है | "नमन" प्रकृति को इस सुन्दर रूप में सजाने वाली शक्ति के प्रति आभार व्यक्त करती कविता है |

जीवन में धन, यश, पद व उपलब्धियों के जोश में मानव सत्य से बहुत दूर निकल जाता है जबकि सभी को यह ज्ञात है की वह मृत्यु की और दोड़े चले जा रहे है | "काया" शीर्षक कविता में जीवन की इसी क्षणभंगुरता का चित्रण किया गया है |

"प्रेम की भाषा" रचना में प्रेम में डूबे प्रेमी की व्याकुलता व मनोदशा को दर्शाया गया है | प्रेम के अर्थ व मायने समय के साथ बदले है परन्तु मन की व्यग्रता व उद्देग की स्थिति में कोई परिवर्तन नही आया है | प्रेमी का हृदय सदा से ही अधीर, अस्थिर व आवेगों संग प्रवाहित होता रहा है |

श्रृंगार करके सजी धजी दुल्हन सभी को अपनी ओर आकर्षित करती है | कविता "दुल्हन" में इसी शृंगारित रूप का वर्णन किया है| अँधेरी रात में काले आसमान पर चमकता चाँद सभी के दिलो में राज करता है | बच्चो का ये चंदा मामा है तो प्रेमियो के लिए एक प्रेरणा है और सुहागिनों के लिए पूजनीय है | चाँद के इसी स्वरुप का वर्णन कविता "चंदा" में किया गया है |

जीवन में दुःख विपदाये, रोग, कष्ट व पीड़ाए हमे विचलित कर देती है पर सुख व आनंद की आशा में हम सभी विपरीत परिस्थितियों को भी धैर्य पूर्वक सहन करते जाते है और यही जीवन का यथार्थ भी है | "जिंदगी" रचना में मन में पलती इन्ही आशाओं का चित्रण है |

रचनाकारों को अपनी कलम व सृजन से अधिक मंच व मालाओ की अपेक्षा रहती है | "रचना का संसार" भी राजनीति व गुटबाजी से अछूता नही है, इसी तथ्य को कविता में रेखांकित किया गया है |

विवेक कुमार
जयपुर
01 जून 2022

1. आराधना

शक्ति देना, शेरों वाली
ये राग द्वेष सब मिट जाए
और लोभ- मोह की, दल-दल से
मन मुक्त हो, तुझमें रम जाए !

शक्ति देना, शेरों वाली
अन्याय, न विचलित कर पाए
हम धर्म का मार्ग, नहीं छोड़ें
मन कष्टों से न घबराए !

शक्ति देना, शेरों वाली
सुख-दुःख, समभाव से अपनाएं
सुख के उन्माद में, न बहके
दुख को धीरज से सह पाएं !

शक्ति देना, शेरों वाली
भय प्राणों का, सब मिट जाए
जो राह चुनी, न छूटे फिर
पथ कांटे, चाहे बिछ जाएं !

शक्ति देना, शेरों वाली
थोड़े में हम, खुश रह पाएं
धन-भोग देख के, दूजों का
छल - कपट कभी न अपनाएं !

शक्ति देना, शेरों वाली
कष्टों में भी, हम मुस्काएं
इस धूप छाँव में, जीवन की
मन स्थिर रख, बस चलते जाएं !

2. श्राप

वो रात थी, चंदा तारों की
मस्जिद से उठते नारों की
वो रूदन भरी, चीत्कारों की
और रक्त की बहती धारों की !

कश्यप की यह पावन धरती
हिंसा हत्या से मलिन हुई
सुनकर पशुता की क्रूर कथा
नम आज, सभी की नयन हुई !

है देश का मस्तक, ये कश्मीर
उस भाल खींच दी, रक्त लकीर
रहते थे अदब शान से हम
निकले घर से, बन के फकीर !

सत्ता जब शक्तिहीन हुई
तो दशा राष्ट्र की दीन हुई
गूंजे नारे आजादी के
और चोट बहुत संगीन हुई !

कानून के जो रखवाले थे
वो ही नागों को पाले थे
फिर देश छोड़ कर निकल गये
जो बनते हिम्मत वाले थे !

जो साथ हमारे खेले थे
सुख दुःख, मिल जुल कर झेले थे
वो बांधे धर्म की पट्टी को
अब रक्त से होली खेले थे !

क्या बच्चे, क्या अबला नारी
तन काट दिया, रख कर आरी
किस्से हैं इतने दर्द भरे
सुन, हिल जाए धरती सारी !

तन गोली से छलनी करके
माँ बहनों की, गरिमा हर के
भयहीन घूमते थे वहशी
और बनी थी सत्ता, गांधारी !

चीत्कारें फिर सुन जायेंगी
वो आहें लौट के आयेंगी
हर आंगन, चीरहरण होगा
मांए, कुछ कर न पाएंगी !

वो पाप भूल न पायेगा
फिर कहर टूट के आयेगा
ये श्राप है, हर दुखियारी का
घर घर में मातम छाएगा
घर घर में मातम छाएगा !!

3. बहारें

जब झूम बहारें आयेंगी
मन की कलियाँ मुस्कायेंगी
फूलों की चुनरी ओढ़ धरा
सज दुल्हन सी शरमायेगी

तितली पंखों पर रंग लिए
फिर बगिया में उड़ आयेगी
कोयल पेड़ों की डाली पर
फिर बैठी गीत सुनायेगी

किरणें जब वृक्षों से छनकर
आंगन उषा ले आयेंगी
तन को छूकर ये मंद पवन
निंदिया को ले बह जायेगी

दिन कट जाए हंसते हंसते
फिर आंसू रात बहायेगी
अनसुलझी मेरी पहेली को
बस मृत्यु ही सुलझायेगी

जीवन का चक्र है घूम रहा
गति इसकी न थम पायेगी
नभ को जो कल था चूम रहा
फिर धरती उसे बुलायेगी

बैठे हैं जो हमसे रूठे
फिर बांहे उन्हें बुलायेंगी
जब नयन बहा देगें अश्रु
मुस्कान लौट के आयेगी

चुभ कांटे रक्त बहेगा जब
पीड़ा अनुभव हो पाएगी
जीवन के इस सच से परदा
दुख वाली शाम उठायेगी

जब नाव है उतरी सागर में
लहरों से भी टकराएगी
सुख की अभिलाषा है तुमको
पीड़ा भी हिस्से आएगी

इस खेल में जीवन मृत्यु के
मृत्यु ही विजय को पायेगी
रिश्ते नाते सब छोड़ यहीं
काया तेरी मिट जायेगी

4. बसंत आया है

अब न रंगभरी क्यारी है
बगिया न फुलवारी है
न चिड़िया है न तितली है
बैठी धरा कुंवारी है

आमों की वो मंजरी
नजर कहीं न आए
भंवरा इत उत उड़ रहा
रस पीने कित जाए

देख इन्हें पहचानूँ कैसे
अब बसंत आया है

कटे दरख़्तों के भी अब तो
सूख गए हैं ढूंठ
हरियाली को त्याग के देखो
प्रकृति हुई कुरुप

वन तो सारे लुप्त हुए
और बस्ती नई बसा दी
धरा को पत्थर व गारे ने
ढक के, मृत बना दी

देख इन्हें पहचानूँ कैसे
अब बसंत आया है

अब न रवि की रश्मियाँ
प्रेम संदेशा लाएं
न धरती की प्यास को
मेघा बरस मिटांए

गमले कांटों से भरे
घर में लिए सजाए
कागज़ के इन मृत पुष्पों से
खुशबू कहाँ से आए

देख इन्हें पहचानूँ कैसे
अब बसंत आया है

चीत्कारें कर दौड़ रहे हैं
सड़कों पर वाहन
जहर बन रही अब धुंए से
खुशबू भरी पवन

विलग हुए हम प्रकृति से
फिर जीवन भरी निराशा
मनुज नशे में हो मतवाला
ढूंढे चैन जरा सा

देख इन्हें पहचानूँ कैसे
अब बसंत आया है

कैद है जीवन दीवारों में
पतझड़ बीत न पाए
जिस आंगन बगिया ही न हो
पुष्प कहाँ खिल पाए

पंछी प्रकृति और सुमन ने
रूप नया पाया है
देख इन्हें पहचानूँ कैसे
अब बसंत आया है

5. सच्चा प्यार

किससे बोले, फरियाद करे
जब अपने ही न याद करे
रिश्ते सारे है, स्वार्थ जुड़े
सब, मतलब की ही बात करें

किस दर्द को लेकर, मैं बैठा
कोई क्यों, तहकीकात करे
जब सूरज चमके, आंगन में
चंदा की फिर क्यों बात करें

जो हृदय दबी है, पीर मेरे
चल आज उसे स्वीकार करें
पथ पर बिखरे हैं जो कांटे
वो फूल समझ के पार करें

है विरह प्रेम की मंजिल जब
फिर क्यों आंसू बरबाद करें
जिस पर लुट जांए सब खुशियाँ
क्यों उस पथ का आगाज करें

जो साथ छोड़ कर चले गए
उनसे अब क्यों दरकार करें
खंडित इन स्वप्नों को ढोते
चल अब, खुद से ही प्यार करें

छल - धोखा ही, उनकी आदत
कितना भी, वो इंकार करें
तुमने परखा है, गहरे से
हम तो बस, सच्चा प्यार करें

6. महादेव

धरे जटाओं में जल धार
पर्वत ऊंचे तपो विहार
कर भभूत से नव श्रृंगार
शंभु हुए हैं, नन्दी सवार

लिपटा है नाग, ज्यों कंठ हार
है भस्म किया, काया श्रृंगार
सागर मंथन का पी गरल
शिव ने किया जग का उद्धार

जब बंधे डोर, शिव गौरी से
तप प्रेम हुआ था, एकाकार
जो गणों अघोरी, घिरा रहे
न उसको सुख वैभव से प्यार

शिव सत्य है और सुंदर भी
है सहज सरल हे भोलेनाथ
जब हो अधर्म, सीमा के पार
हर दिशा में गूंजे शंखनाद

विध्वंसक है, त्रिदेवों में
तांडव संग शिव, करते संहार
त्रिनेत्र यदि, खुल जाए तो
मच जाए सृष्टि हाहाकार

गूंजे बम भोले, ओंकारा
डमरू पे नाचे, जग सारा
देवों के भी, असुरों के भी
सबके ही शिव, तारणहारा

जो धरे, झूठ व आडंबर
न भक्त कभी, शिव को प्यारा
जो मन सच्चे से, याद करे
दुख उसका, शिव हर ले सारा

हे महाकाल, हे महादेव
तांडव से कांपे जग सारा
है नमन आपके चरणों में
जीवन भी अर्पित ये सारा

7. श्वेत लाल

ये श्वेत - लाल का, संगम ही
सृष्टि का, रूप सजाता है
चंदा में चमके, श्वेत रंग
लाली, सूरज फैलाता है

है क्षीर, धवलता लिए हुए
और लाल, सिंदूरी आभा है
जहाँ श्वेत, मोगरा फूल खिलें
वहीं लाल -गुड़हल मुस्काता है

बूंदें सफेद हैं, अश्रु की
और रक्त, लाल कहलाता है
बंधते माला, मोती सफेद
टीका भी लाल, सज जाता है

केसर, पलाश या हो गुलाब
लाली से ही खिलता शबाब
है श्वेत चमेली, ज्यों चंदा
महकेगी रात, रजनीगन्धा

रण सजा है, लाल पताका से
हो शांत, श्वेत की भाषा से
जो बहे शिरा, वो लाल रक्त
कण लाल-श्वेत से प्राण युक्त

पहने सुहाग का, लाल वसन
ओढ़े तन पर, इक श्वेत कफन
जोड़े में लाल, सजी दुल्हन
हो वस्त्र धवल में, अंत नमन

८. विजय

है झील समाया, जल अथाह
न वेग, न धारा, न प्रवाह
ये रहता है, बस शांत-स्थिर
हो जैसे योगी, धरे धीर !

जल तो रहता है रूका थमा
पर बल इसमे है बहुत जमा
होना चाहे इस पर सवार
तो जल करता है प्रतिकार !

इक नौका उतरी फिर जल में
नाविक, चप्पू, बल था संग में
रख नाव के मुख को कुछ तीखा
जल चीर के बढ़ना था सीखा !

बल बांहों का और तीक्ष्ण मुख
हो गया समर्पित जल सम्मुख
न बहा रक्त, न युद्ध किया
गति पाई, जल को विजित किया !

यही जीवन में, दिख जाता है
है तीक्ष्ण, विजय वो पाता है
जो हृदय, सहज व सरल रहे
कुछ कदम चले, थक जाता है !

9. झील का पानी

बंधा हुआ है
झील का पानी
न बहता, न बढ़ता है
उम्र बंधा जैसे ये जीवन
आ मृत्यु पर थमता है !

वायु का ये वेग सतह के
जल को अस्थिर करता है
लिए हिलोरें जा के तट पर
टकराता फिर रूकता है !

काल थपेड़ों से विचलित जब
जीवन अश्रु भरता है
ऊंची नीची, राह पे चलकर
फिर, स्थिरता को धरता है !!

10. अहं

अहं सत्य को, सुनने न दे
अहं न सच को दिखलाए
अहं ही पथ से, भ्रष्ट करे
और, राह पे कांटे बिखराए

अहं प्रेम को, बाधित कर दे
विष रिश्तों में फैलाए
अहं तोड़ दे, सम्बंधों को
स्नेह जिन्हें है पनपाये

अहं पराभव, न स्वीकारे
अहं तो, बस तुष्टि चाहे
अहं खड्ग है, हाथ हो जिसके
घाव उसे ही दे जाए

अहं न देखे, गुण दूजे के
अपना ही बस, यश गाए
अहं हो हावी, जिस बुद्धि पर
पतित उसे ही कर जाए

अहं समर्पण को न समझे
भक्त कभी न बन पाए
ज्ञान, रूप व धनबल पाकर
शील त्याग के इतराए

अहं सखा है, निंदा का
दोनों मिल, कटुता फैलाएं
अहं, प्रीत का सदा ही शत्रु
नेह न गहरा कर पाए

अहं समझ पर, डाल के परदा
मति भ्रमित करता जाए
खिली हुई बगिया में इक दिन
अंधड़ -पतझड़ ले आए

11. केश सजी चांदी

ज्यों नाव, किनारे आती है....
ज्यों खेत, फसल पक जाती है....
ज्यों वृक्ष, बची कुछ पाती है.....
जो यादें, भूल न पाती हैं......
दिन ढले, सांझ ज्यों आती है.....
अब दौड़, थकी जो सांसें हैं......
कुछ पहर, बचें जो बाकी हैं....
जो झेली, समय की आंधी है....
वो केश सजी अब चांदी है !

12. नमन्

इक कली बनी है
आज सुमन
फिर प्रेम का गीत
सुनाए पवन !

सांसों में भी
महके चंदन
तितली सा अब
उड़ता है मन !

पलकें खोले क्यों
सुप्त स्वप्न
है रक्त युवा
पर ढला ये तन !

मन चाहे, तोड़ें
सब बंधन
फिर उड़ छू लें
उन्मुक्त गगन !

हो पावन
सबका अंतर्मन
सब भाव कलुषित
जले हवन !

ये धरा सजाई
ज्यों दुल्हन
उस शक्ति को
है सदा नमन् !

13. कर्मस्थली

1- कुशलगढ़

यह नामी, बड़ा ठिकाना है
जिसका कुछ, अलग फसाना है
यह थमा, थका सा है कस्बा
आगे इसको अब जाना है !

वन घने, यहाँ मिल जाते हैं
जल से बंधे, भर जाते हैं
महुए से, वृक्ष लदे होकर
सबका जीवन, महकाते हैं !

इस ओर सटा, गुजरात है तो
उस ओर है, मध्य प्रदेश बसा
सब कुशल यहाँ, चाहे न हो
जग ने तो, कुशलगढ़ माना है !

2- जहाजपुर

है द्वार, वस्त्र की नगरी का
और हृदय, खनिज भंडार है
धाम स्वास्ति, यहाँ सुशोभित
सजता, माँ का दरबार है !

हो सेना, या हो राजतंत्र
करते भूमि पर कृषि कर्म
श्रमशील, यहाँ के जनगण ने
सुदृढ़ किया है, अर्थतंत्र !

मुनियों का तीर्थ, यहाँ न्यारा
माता का लगता, जयकारा
शिव का गूंजे है, नाद यहाँ
सब धर्मों का, उल्लास यहाँ !

अतिशय प्रतिमा, जब प्रकट हुई
ख्याति घर -घर में, प्रखर हुई
भक्तों ने, इसे संवारा है
ये जहाजपुर, हमारा है !

3- रतनगढ़

ये पंचमुखी की, पुण्य धरा
संकट मोचन से, मान बढ़ा
ये विद्व जनों की, है भूमि
बिन मणिक, रतनगढ़ नाम पड़ा !

नदीया न, कोई किनारा है
वर्षा जल, सबको प्यारा है
सह कर, भीषण सर्दी गरमी
जीवन को, अपने ढाला है!

हर दिशा देश की, हम पहुंचे
उद्यम अपनी, पहचान बना
मिट्टी का कर्ज, न हम भूले
सब किया, जो हिस्से आन पड़ा!

हम परख, आदमी की जाने
सौरभ से, पुष्प को पहचाने
लेखक कवियों की धरा है ये
जिनकी रचना को, जग जाने !

गौ माँ से, प्रेम यहाँ सबको
और धर्म - कर्म भी, भाता है
तन से रहते हो दूर, मगर
मन का, माटी से नाता है !!

4- सलूम्बर

न वीर, युद्ध से हो विचलित
रानी ने ऐसा काम किया
सर काट, थाल में सजा दिया
यूँ प्रेम को, नव आयाम दिया !

शक्ति है, माँ ईडाणा की
होता अग्नि से स्नान यहाँ
है गिरी गोद में ढेबर झील
करती नौका, विहार जहाँ !

झरने हैं, झील- किनारे हैं
वन - पर्वत सबसे न्यारे हैं
इस धरा, सलूम्बर में देखो
प्रकृति के अजब नजारे हैं !

मेवाड़ की है, ये पुण्य धरा
जहाँ शौर्य को, पूजा जाता है
जब रक्त मांगती हो भूमि
मोह प्राणों का, मिट जाता है !

14. वो लौट गया

वो परी लोक से आया था
आंगन मेरा महकाया था
हम सबके सूने जीवन में
कुछ रंग खुशी के लाया था !

खामोश से कमरों में घर के
किलकारी उसकी गूंजी थी
छोटे-छोटे से नयनों में
हम सबकी दुनिया सिमटी थी !

नींदों में जब मुस्काता था
मन सबका खिल-खिल जाता था
रातों को जब वो रोता था
हर कोई गोद सुलाता था !

चलकर घुटनों पर यहाँ वहाँ
घर का हर कोना छुआ था
तुतलाती बोली में फिर इक दिन
' माँ ' मुझको, उसने बोला था !

कुछ पल जो, दूर हुआ मुझसे
ये मन अधीर हो जाता था
बांहों में जब फिर आ जाए
तब चैन हृदय कुछ पाता था !

नियति क्यों, क्रूर बनी इक दिन
उस फूल को हमसे छीन लिया
जिस आंगन खुशियाँ बरसीं थीं
उसको फिर से गमगीन किया !

है काल बड़ा, निर्मम देखो
न प्रेम, न वो ममता जाने
जो लिखा, भाग्य में है अपने
सब पूर्ण करे ही, वो माने !

क्यों देवलोक, वो लौट गया
अश्रु नयनों में छोड़ गया
क्या भूल हुई थी हमसे जो
वो हमसे नाता तोड़ गया !

स्पर्श, वो नन्हें हाथों का
हम कभी भुला न पायेंगे
सुख कितने भी झोली में हो
रीता जो, भर न पायेगें !

15. मत फ़ेको

सिरहाने इस बिस्तर के
सुख दुःख अपने सब बांटे थे
जीवन के उस अंतिम पल में
टूटे सांसों के धागे थे !

मेरे पहने, इस कुर्ते के
तुमने ही काज सवारें थे
वो सब, मेरे ही कपड़े थे
जिनको छूते, तुम सारे थे !

उस प्राणहीन मेरी देह को
तुमने अग्नि में भस्म किया
फिर वस्त्र, सड़क पर फेंक दिये
हर रिश्ते को यूँ खत्म किया !

ये वस्त्र मेरे, मेरा बिस्तर
ली जिस पर, अंतिम सांस अभी
संग इन्हें मेरे विदा कर दो
न हो इनका, अपमान कभी !

मैं न चाहूँ, इनको पहनों
मैं न कहता, इन पर सोओ
मेरी ही याद समझ इनको
बस घृणा भाव से मत फेंको !

कुछ तो इनका भी मान करो
अग्नि देकर कल्याण करो
मत त्यागो इनको हेय समझ
गरिमा संग अंत प्रदान करो !

16. सावन

नभ हैं, काले बादल छाए
गर्जन सुन पंछी घबराए !

नभ उड़े मोर क्या बतलाये
नाचे, पंखों को फैलाए !

भर ताल तलैया इतराए
जल नदियों में बहता जाए !

खेतो में बीज को बिखराएं
कब बूंद बरस अमृत आए !

सब पर्ण वृक्ष के धुल जाएं
इक रुप नया प्रकृति पाए !

शाखें सूखी, फिर खिल जायें
और दिशा सभी यौवन छाए !

ये ताप धरा का मिट जाए
सूरज मेघों में छिप जाए !

प्रेमी क्यों मन में मुस्काए
इक दबी चाह फिर जग जाये !

इक बूंद नयन से गिर जाएं
फिर याद कोई, बिछुड़ा आए !

सब ओर नशा सा छा जायें
मन काबू कैसे रह पाए !

इक गीत नया, चल हम गाएं
ऋतु सावन की बीती जाए !

17. काया

हाड़ मांस और रक्त की काया
धन पद थोड़ा पास जो आया
शक्ति पा ऐसे बौराया
भूला, सब दो पल की माया
समय ने इक दिन पलटा खाया
काया ने न साथ निभाया
साथ था जिनका हुआ पराया
कर्मों का फल लौट के आया
धन भी अब तो काम न आया
मद भी सारा धूल समाया
ताप दुखों का सह न पाया
नयन से अश्रु रोक न पाया
अंत समय ये समझ में आया
साथ नहीं अब अपना साया
जतन सहेजा सभी गंवाया
कर्मों की बस छोड़ के छाया
त्याग यहीं सब किया कराया
भस्म बना और नदी समाया

18. धीर धरो

जब राह न कोई सूझेगी
पग पग विपदा घिर आएगी
और घोर निराशा के तम में
लौ आशा की बुझ जाएगी !

तेरी भक्ति की शक्ति ही
थामेगी, पार लगाएगी !
...... तुम धीर धरो !!

बदली काली जब छाएगी
लहरें उठ क्रोध दिखाएंगी
नैया डोलेगी बीच भंवर
सांसे सबकी थम जाएंगी !

संबल कोई तो पाएगा
जो तुझको तट ले आएगा
...... तुम धीर धरो !!

जब स्वप्न टूट के बिखरेंगे
चुभ शूली लहू बहाएगी
ये प्रेम की डोरी छूटेगी
पीड़ा मन में भर जाएगी !

कोई बढकर फिर थामेगा
और सुबह नई उग आयेगी !
...... तुम धीर धरो !!

आंधी से उपवन उजड़ेगा
न कली कोई खिल पाएगी
सब पुष्प धरा पर बिखरेंगे
गूंथ माला, न बन पायेगी !

श्रृंगार करेगी यह प्रकृति
फिर दुल्हन सी सज जाएगी !
...... तुम धीर धरो !!

काया जब ये ढल जाएगी
रोगों से न लड़ पाएगी
अपने ही मुख को मोड़ेंगे
आंखें यह देख न पाएंगी !

बंधन से मुक्त तुझे करने
मृत्यु ही गले लगाएगी !
...... तुम धीर धरो !!

19. जाने दो

जो कुसुम ताप से मुरझाए
खिल उनको भी मुस्काने दो
पतझड़ सूखे इन वृक्षों पर
कुछ नई कोपले आने दो !

बिछुड़े हैं बीच राह हमसे
उन्हें दुनिया नई बसाने दो
इन स्वार्थ में डूबे रिश्तों को
रंग अपना सही दिखाने दो !

जो नयन भरे हैं अश्रु से
अब बरस उन्हें भी जाने दो
अंधियारे क्यों मन को घेरे
इक दीपक नया जगाने दो !

वो गीत जिन्हें जग भूला है
फिर आज मुझे वो गाने दो
जीवन के इन वीरानों में
आवाज कोई तो आने दो !

जो डोर से निकले हैं मोती
वो बिखर यहीं रह जाने दो
बगिया के सुंदर पुष्पों से
इक माला कंठ सजाने दो !

ये समय नहीं थम पाता है
इसको बहते ही जाने दो
इस काया का है अंत यही
फिर मिट्टी में मिल जाने दो !

20. सोन मृग

हर युग में, मृग, ये सोने का
विचलित कर, पथ से भटकाए
बंधन में बांधे मोह के यूं
हर राह पे कांटे बिछ जाएं !

जब जाल बिछे इस छलिया का
मन चंचल, कैसे रूक पाए
हो मति भ्रमित, न सत्य दिखे
दुर्जन भी स्वर्ण, नजर आए !

ज्यों राम ने, खोई थी सीता
सुख सारा हमसे खो जाए
इक सोने का मृग पाने को
जीवन विपदा से घिर जाए !

अंधा है, काम में कोई तो
पीछे धन के कोई भागे
मृग की माया के वश में ही
टूटे संयम के सब धागे !

जब अंत निकट हो जीवन का
तब बात समझ में ये आए
आखिर दौड़े, किसके पीछे
सब छोड़ यहीं, जाना आगे !

21. प्रेम की भाषा

डूब गया मैं प्रेम तुम्हारे
स्वप्न भरे, नयनों में प्यारे
यूं चमके है रूप व यौवन
जैसे दमके नभ में तारे

भाव बहे जैसे हो सरिता
तीव्र मिलन की है आतुरता
बाधाओं की सह निष्ठुरता
प्रवाह प्रेम का, नहीं है रूकता

भीड़ से ये मन घबराता है
निर्जन ओर खिंचा जाता है
दिशा कोई भी मैं जाऊँ पर
तेरी ओर ही मुड़ जाता है

संग चलो तुम जैसे साया
तुझमें ही संसार समाया
संवर गई ये मेरी काया
मन को तू जब से है भाया

किन जन्मों का ये नाता है
बंधा प्रीत का ये धागा है
भाग्य था रुठा मुझसे अब तक
मिले जो तुम, ये भी जागा है

अब दर्पण नव रूप दिखाए
मन बहका बहका सा जाए
ठहरा था जो जीवन कल तक
अब नभ में, बस उड़ना चाहे

व्याकुलता मैं कहाँ छिपाऊँ
विकल हृदय को क्या समझाऊँ
गगन में उड़ते इस पंछी को
अब पिंजरे मैं बांध न पांऊ

क्षीर सा पावन ये नाता है
चंदा भी नभ मुस्काता है
दिन बीते या ऋतुएं बदलें
प्रेम की न, बदले भाषा है

22. दुल्हन

रूप निखारे
तन महकाए

माथे बिंदिया
बड़ी सजाए

काली कजली
नयन बसाए

हाथों मेंहदी
नई रचाए

पग घुंघरू
ऐसे झनकाए

मुख चुनरी से
लिया छिपाए

सजी ये काया
यूँ मदमाए

मीत मिलन की
चाह दबाए

कर श्रृंगार यूँ
पिया रिझाए

बनी वो दुल्हन
क्यों लज्जाए

23. चंदा

सदियों से, सुनते आए हम
इक राजा और इक रानी थी
चंदा ही सबका मामा है
दादी से सुनी कहानी थी !

न संगी है, न साथी है
क्यों रहता ये एकाकी है
हर दिन की एक ही चर्या है
न आपा है, न धापी है !

है मौन धरे कोई साधक
या तप बैठा सन्यासी है
प्रेमी है कोई दिल टूटा
या नभ भटका विज्ञानी है !

है मोहक इसका रूप धवल
इससे ही रात सुहानी है
न जीवन है इसके घर में
न ही प्यासे को पानी है !

व्रत पूर्ण तभी माना जाए
जब देख चंद्र को पाते हैं
फिर अर्घ्य इसे अर्पित करके
हम वर सुहाग का पाते हैं !

24. रचना का संसार

बंधन नहीं है 'वाद' का
न कोई प्रतिवाद
न गुरु है, न दीक्षा
न सिर आशीर्वाद !

मन चाहा जो लिख दिया
निर्धन नहीं विचार
तुक, छन्दों के मेल से
मिलती खुशी अपार !

मधुर स्पष्ट वाणी में जब
कविता का हो पाठ
श्रोता को यूँ बांध ले
ये शब्दों का पाश !

माला, मंच के मोह से
मुक्त कलम की धार
दुशाले सम्मान की
किसको है दरकार !

सलिल गति बहती चले
काव्य सरित प्रवाह
ज्ञान -प्रेम -सुख संग ले
दर्द व दुख की आह !

प्रभुता जिस सर चढ़ गई
और हृदय अभिमान
सृजन विदा फिर हो गया
बचे है, मिथ्या मान !

काष्ठ, कांस्य के चिन्ह ये
धूल सने रह जाएं
शब्दों की ये गूंज पर
युगों युगों सुनी जाए !

नभ के इन तारों सा है
रचना का संसार
मिला नाम कुछ ग्रहों को
चमके कई हजार !

25. जिंदगी

क्यों रूठी है जिंदगी
आओ फिर इसे मनाते हैं
जो बिछुड़ गये थे कल हमसे
फिर उनको, गले लगाते हैं !

हम तो सहते ही आये हैं
ये शुष्क हवाएं गर्मी की
आओ अब किसी पहाड़ी पे
कुछ दिन हम घूम के आतें हैं !

काया थक के, अब चूर हुई
जीवन भर, यूँ चलते -चलते
आ रूक कर किसी सराये में
अब हम थोड़ा सुस्ताते हैं !

यूँ बंधे रहे, इक डोर से हम
जीवन भर, रिश्ते नातों की
आओ अब, कटी पतंग बनकर
हम दूर गगन उड़ जातें हैं !

इस धरा गुजारी है हमने
ये उम्र, अभी कुछ सालों की
आओ झिलमिल इक तारा बन
फिर अंबर पे सज जाते हैं !

सबको मालूम हैं, ये यारों
आखिर अपनी, मंजिल क्या है
फिर क्यों बनके अनजान सभी
जीवन भर दौड़े जातें हैं !

26. क्षणिकाएं

(1)
खिल हमने
रंग बिखेरे हैं
यह देख के
कुछ मुस्काओ न !
जीवन की
आपा धापी में
यूँ खुद को
तुम बिसराओ न !!

(2)
पानी थोड़ा
धूप जरा सी
हरे पर्ण और
छटा गुलाबी !
मंद पवन संग
महक यूँ फैली
झूमे बगिया
खुश है डाली !!

(3)
गुण-राशि का, मेल करा कर
हमने रचा विवाह !
कुछ दिन भी न, संग रह सके
स्वप्न हुए सब स्वाह !!
बिखरे, उम्मीदों के टुकड़े
उठा दुखों का ज्वार !
नैया कैसे, पार लगे जब
टूट चुकी पतवार !!

(4)
झूमे मन जब सावन आए
भीगे डूबे और तर जाए !
कभी धरा सा तप सूरज में
सदियों का प्यासा रह जाए !!
कभी लगे मन गहरा सागर
अगम अथाह बूझा न जाए !
कभी लगे ये खुली सी पुस्तक
हर कोई जिसको पढ़ पाए !!

(5)

सांझ आरती जब गूंजेगी
लौ दीपक में जग जायेगी !
रोटी इक चूल्हे पर सिककर
तन की भूख मिटाएगी !!
निशा कोई मिलन की होगी
आंसू विरह बहाएगी !
रात, चमकते तारों वाली
फिर से तुझे रूलाएगी !!

27. मुक्तक

(1)
कला, कुटिलता की सीखी
और शास्त्र झूठ के पढ़ ऐंठे !
बने छलों में पारंगत और
शर्म आंख की खो बैठे !!

(2)
माह -बरस बीते कई
और उम्र चली उस पार !
माया में जकड़े हुए
सब ढूंढें रस की धार !!

(3)
देह तेरी तृष्णा भरी
लोभ-काम से पूर्ण !
सुख की अंधी दौड़ में
गई प्रभु को भूल !!

(4)
धन के पीछे भागते
व्यर्थ है सुख की खोज !
पीड़ा - रोग के घात से
काया खो दे ओज !!

(5)

पहनों चाहे पुखराज तुम
या नीलम रखो सजाए !
भाग्य में तेरे लिखा है जो
वो कोई बदल न पाए !!

(6)

धन उधार जो दे दिया
रिश्तों में पड़े दरार !
प्रेम मित्रता हो दफन
बने स्नेह अंगार !!

(7)

ऊंचे नभ पर, चंदा-तारे
धरा खिले हैं, सुमन ये प्यारे !
कर्म लिखेंगे, किस्मत तेरी
रंग है सब, दो पल के सारे !!

(8)

पवन बहे, धरा हंसे
धूप संग, रूप बसे !
रश्मियों का, तेज लिए
रंग भरे, पुष्प सजे !!

(9)

विष - शत्रुता से भरे
चुभे, ज्यों तीखे बाण !
सर्प बनाना था जिन्हें
क्यों बना दिया इंसान !!

(10)

विष लिए विचारों में फिरते
सुख चैन कहाँ से पाओगे !
अग्नि में द्वेष शत्रुता की
तुम पहले खुद जल जाओगे !!

(11)

रंग सजे, पर दंभ नहीं है
झूठ कुटिलता, संग नहीं है !
शांत व निर्मल, रूप धरें हैं
दुख पीड़ा का, धर्म नहीं है !!

(12)

ऊंचा मस्तक नभ को छूता
धरती पर हंसता था पर्वत !
वन जन से आबाद धरा है
निर्जन सा ये गिरी खड़ा है !!

(13)
नव पर्ण उगे डाली - डाली
है रंग भरे क्यारी - क्यारी !
महके सुवास से घर आंगन
जब द्वेष पे, प्रेम भए भारी !!